REMBOURSEMENT

DE LA

CONTRIBUTION EXTRAORDINAIRE

DITE

DES QUARANTE-CINQ CENTIMES.

(Décret du 16 mars 1848.)

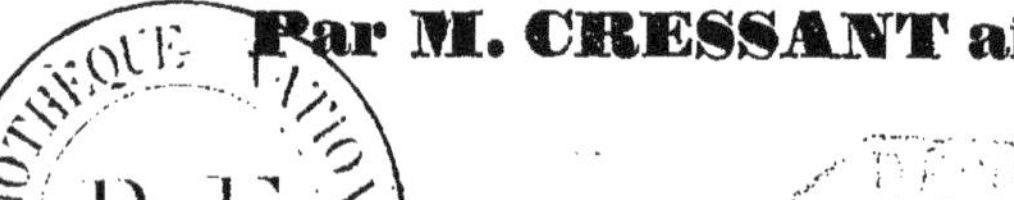

Par M. CRESSANT aîné.

6 décembre 1851.

PARIS,

IMPRIMERIE ADMINISTRATIVE DE PAUL DUPONT,

Rue de Grenelle-Saint-Honoré, n° 45.

1851.

REMBOURSEMENT

DE LA

CONTRIBUTION EXTRAORDINAIRE

DITE

DES QUARANTE-CINQ CENTIMES.

(Décret du 16 mars 1848.)

I.

En 1848, la société tout entière, telle que nous l'avions connue et pratiquée jusqu'alors, menaçait de s'abîmer dans un affreux cataclysme, lorsque l'impôt des quarante-cinq centimes devint tout à coup un moyen de salut providentiel.

L'homme s'agite, Dieu le mène.

Bientôt les malédictions du peuple brisèrent les instruments de perdition.

Aujourd'hui, les bénédictions de ce même peuple peuvent communiquer la vie, la force et la durée à ce qui a été créé dans un douloureux enfantement.

1848, esprit de vertige et d'erreur.

1851, esprit de sagesse et de réparation.

1848 a dit au peuple : « Paye! »

1851 doit dire au peuple : « Je restitue. »

J'ai quelque expérience des hommes et des choses. Aussi bien que le plus grand nombre des directeurs et explorateurs officiels de l'opinion publique dans les provinces, je sens les vibrations et les pulsations de la fibre populaire. Je ne crains pas d'affirmer que la grande mesure du remboursement est la seule qui puisse exercer une grande influence sur l'esprit des laboureurs. Un jour ou l'autre, la réparation s'accomplira, parce que le peuple n'a pas cessé et ne cessera pas d'espérer, et que la longue espérance du peuple est la voix de Dieu.

Par le remboursement, on galvanise les populations rurales, celles précisément dont les bulletins submergent tout. Le courant de l'opinion devient irrésistible.

L'intrigue, le mensonge, la calomnie, la malveillance, et généralement toutes les passions mauvaises, violentes et désorganisatrices s'agiteraient dans le vide et prêcheraient dans le désert.

Les *paysans* auraient encore une volonté ferme et inébranlable comme au 10 décembre.

Il doit être bien entendu que j'envisage ici les événements incommensurables de 1848, non au point de vue de leur valeur politique pour l'avenir, mais uniquement sous le rapport du froissement des intérêts matériels du moment et de la perturbation qu'ils ont apportée dans les entreprises industrielles et généralement dans toutes les transactions sociales.

Hier encore, 1852, sombre et noir, apparaissait chargé de nuages recelant la foudre.

Une vigoureuse impulsion nous a fait franchir l'abîme d'un seul bond.

Nous étions sur la rive gauche, nous sommes sur la rive droite.

Le précipice était en face, maintenant il est en arrière.

Donc il faut pousser en avant. C'est notre meilleure chance de salut.

De grandes difficultés sont vaincues, de non moins grandes restent à surmonter.

Nous avons

Un gouvernement à fonder,

L'ordre à consolider,

La liberté en deuil à consoler et à restaurer,

L'égalité civile et politique à pratiquer,

De profondes ulcérations à cicatriser.

OEuvre immense qui suffirait à elle seule pour illustrer un nom et une époque.

II.

La contribution extraordinaire, dite des quarante-cinq centimes (décret du 16 mars 1848), s'élevait à...... 192,064,733 fr. 72 c.

On a concédé, à titre de dégrèvement...   17,792,328   46

Reste.............   174,272,405   26

C'est cette dernière somme — 174,272,405 fr. 26 c. qu'il s'agirait de rembourser.

Poids énorme, encore faudrait-il le soulever sans compromettre aucun des grands services de l'Etat, sans accroissement d'aucun impôt préexistant, sans création d'aucun impôt nouveau et sans emprunt.

La mesure réparatrice perdrait considérablement de son mérite et de sa puissance si elle était liée à une mesure fiscale quelconque, si l'on reprenait de la main gauche ce que l'on donnerait de la main droite. Cependant, même dans ce cas, on obtiendrait encore d'excellents résultats, tant ce mot *remboursement* sonne bien à l'oreille du peuple !

C'est le mot de la solution ! C'est la ligne de démarcation entre le passé et le présent !

Mais on peut, et par conséquent on doit, fermer toutes les issues à l'esprit de dénigrement, ne pas laisser la moindre fissure où il puisse s'embusquer.

Tel est le problème à résoudre.

Cela ressemble à un paradoxe, à un rêve, à une fantasmagorie, à de l'alchimie : pourtant tout cela est vrai, comme il est vrai que la terre tourne.

Les développements qui vont suivre rendront, j'espère, ma proposition parfaitement claire et saisissable ; ils jalonneront la route et feront comprendre comment, par quelles combinaisons, par quels procédés administratifs on arrive au but, simplement, naturellement et sans efforts.

III.

Avant d'aller plus loin, il convient de noter ici qu'en ce qui touche la contribution extraordinaire des quarante-cinq centimes, toutes les règles de bonne administration et de justice distributive ont été méconnues et violées, et que la violation de ces règles impose au pouvoir exécutif l'obligation et le devoir de ne considérer la surtaxe que comme avance ou empruut à régulariser. En sorte que la question économique et purement financière est en harmonie, en corrélation parfaite avec la raison d'Etat. L'une et l'autre poussent au même but.

En effet, la répartition de cet impôt, si dur, si impopulaire, taché de sang, et dont le recouvrement a exigé la mise en mouvement de toutes les forces vives du pouvoir, a été faite d'un trait de plume; il a suffi de multiplier chaque cote individuelle par 0,45 ; d'où résulte que les départements, les arrondissements, les communes et les particuliers, qui s'étaient déjà extraordinairement imposés afin de couvrir leurs dépenses locales, ont vu ces mêmes sacrifices, poussés quelquefois jusqu'à la dernière limite, devenir une nouvelle cause de ruine. Ils ont engendré la surtaxe de la surtaxe, ou la surtaxe élevée à la troisième puissance. Tant il est vrai que l'abîme appelle l'abîme !

Cette répartition à vol d'oiseau constitue une révoltante iniquité que le temps ne saurait absoudre. Nos populations rurales, chez lesquelles le sentiment du juste et de l'injuste est si vif, ne s'inclinent pas ; elles protestent contre le fait accompli ; elles repoussent énergiquement cette doctrine qui, pour être commode, n'en est pas moins odieuse.

Au moins eût-il fallu ne pas ajouter l'iniquité de la répartition à l'iniquité radicale de l'impôt. Etait-ce donc si difficile ? Non sans doute : au lieu de prendre pour base le principal, augmenté des centimes additionnels de toute nature et de toute origine, multiplié par 0,45, il eût suffi de prendre pour base le principal seul, sans mélange d'aucun élément variable, accidentel ou local, multiplié par un chiffre suffisant pour produire la même recette extraordinaire de 192,064,733 fr. 72 c. ; avec 0,76, on avait un peu moins et un peu plus avec 0,77.

Cette méthode, moins inexorable, était tout aussi expéditive ; la proportionnalité de département à département, de commune à commune, de contribuable à contribuable, était observée. A défaut de justice absolue, on avait au moins la justice dans l'injustice ou l'égalité dans une calamité commune.

Mais alors la surcharge, bien qu'invariable dans le résultat, aurait pris la dénomination encore plus effrayante et plus répulsive de contribution extraordinaire des 76 ou 77 centimes. On a voulu la chose avec un nom plus débonnaire.

Sottise et hypocrisie !

On se fera aisément une idée de la perturbation que le mode de répartition qui a prévalu a dû apporter dans les contingents départementaux, lorsqu'on saura que les centimes additionnels de toute nature et de toute origine, élément variable de département à département, présentent des différences tout à fait excentriques.

Sur la contribution foncière, l'écart va de 58 5/10 à 136 5/10.

Sur la contribution personnelle et mobilière, de 57 9/10 à 106 8/10.

Sur la contribution des portes et fenêtres, de 29 2/10 à 76 9/10.

Enfin, sur la contribution des patentes, de 21 4/10 à 66 7/10.

Ces chiffres sont significatifs ; il est tel département auquel ils ont imposé une surcharge de plus de quatre cent mille francs.

IV.

Mais, dira-t-on, le dégrèvement a corrigé le vice originel de la répartition ? Il n'en est rien. Les erreurs n'ont été que déplacées et souvent aggravées. Les populations paisibles, résignées et respectueuses envers la loi, ont moins pesé dans la balance des juges que les populations passionnées, turbulentes, frémissantes de colère ou courant aux armes ; celles-ci ont eu la part du lion.

La répartition du dégrèvement a donc été faite arbitrairement et sous la pression des nécessités politiques et gouvernementales du moment, tandis qu'elle aurait dû, à de rares exceptions près, rester proportionnelle, comme la contribution extraordinaire elle-même, au principal des quatre contributions directes réunies.

Le remboursement a seul la vertu de corriger ces défaillances de la justice et de rétablir l'égalité des contribuables devant l'impôt.

Arrêtons-nous un instant, et résumons ce qui a été dit :

1° Le remboursement est commandé par la justice ;

2° Le remboursement est commandé par la raison d'Etat ;

3° Le remboursement est commandé par la raison économique et purement financière ;

4° Enfin, le remboursement est opportun.

A mesure que nous pénétrerons davantage dans les entrailles de la question, la lumière deviendra plus vive et la vérité plus irrésistible.

Poursuivons.

V.

Nous avons vu que, déduction faite du dégrèvement, la somme à restituer s'élève à 174,272,405 fr. 26 c.

Ce bloc présente une masse très-compacte et très-résistante. Mais, en le divisant, on peut très-aisément en avoir raison. En conséquence, je le coupe, je le taille et je le façonne en cinq portions égales, ou annuités de 34,854,481 fr. 05 c., successivement remboursables en espèces métalliques, d'année en année, à partir de 1852.

Je fais dresser par arrondissement de perception et par commune, sur des feuilles imprimées fournies par l'administration centrale, l'état des sommes payées et remboursables ; le percepteur est chargé de ce soin. La division du travail rend l'opération plus sûre et plus prompte.

Le contrôleur des contributions directes vérifie l'œuvre du percepteur.

L'état est déposé au secrétariat de la mairie, et les contribuables sont invités à venir en prendre communication et à présenter leurs réclamations, dans un délai déterminé.

Par suite de ces réclamations, l'état est modifié, s'il y a lieu, par le percepteur de concert avec le contrôleur.

Le maire et les répartiteurs donnent leur avis.

Ces préliminaires accomplis, l'état, avec toutes les pièces à l'appui, est adressé au directeur des contributions directes, qui le vérifie et constate son exactitude et sa concordance avec les recouvrements effectués d'où dérive le droit au remboursement.

Enfin, il est transmis au préfet, qui l'approuve, s'il y a lieu, et l'arrête définitivement.

On délivre ensuite à chaque contribuable un titre, que j'appellerai *inscription de remboursement*, portant décompte de la somme remboursable, avec indication, bien entendu, des nom, prénoms, profession et domicile de l'ayant droit.

Ce titre, dans la forme des inscriptions de rentes au porteur, est détaché d'une souche à talon, avec cinq coupons ou annuités, qui en seront successivement séparés à chaque échéance de remboursement.

Les inscriptions de remboursement seraient payables au porteur et insaisissables.

Le registre à souche serait déposé entre les mains du percepteur, afin que tout porteur d'une inscription de remboursement puisse en toute occasion vérifier la validité du titre.

Voilà sommairement tout le mécanisme de l'opération. On voit qu'il n'a rien de bien effrayant, qu'il est, au contraire, d'une exécution fort simple et par conséquent très-praticable.

<hr>

VI.

Aussitôt que la loi aurait sanctionné le remboursement et déterminé les échéances, les inscriptions deviendraient d'excellentes valeurs de circulation. Elles seraient volontairement acceptées en payement dans les transactions individuelles et locales. Dans nos campagnes, elles suppléeraient à la pénurie du numéraire, qui semble avoir émigré.

Sous ce rapport encore, elles satisferaient à un besoin très-réel et très-vivement senti. Le cultivateur pourrait vendre et acheter : à défaut d'un écu, il trouverait à emprunter une inscription de remboursement, ou seulement un coupon ou annuité d'inscription. On communiquerait ainsi un peu de mouvement et de vie au commerce rural, aujourd'hui si languissant. Ces titres donneraient naissance à des rapports bienveillants et réellement fraternels entre tous les membres de la communauté, entre les propriétaires aisés et ceux qui le sont moins. Il y aurait entre eux échanges continuels de valeurs, de denrées, de salaires et de bons procédés ; ils s'entr'aideraient parce qu'il y aurait un gage disponible, servant de base à une confiance mutuelle.

Il est même probable que ces heureuses habitudes survivraient à la circonstance accidentelle qui les aurait engendrées.

Il est encore probable que les inscriptions de remboursement vulgariseraient dans les campagnes l'idée des inscriptions de rentes sur l'Etat et des billets de banque à petites coupures. On trouverait cela si simple et si commode, que chacun, dans la mesure de ses facultés pécuniaires, serait bien aise de s'en procurer. On s'accoutumerait insensiblement à ne plus considérer le numéraire comme l'unique représentant de la valeur de chaque chose.

Si, dès le principe, il ne s'était agi que d'une somme de 34 à 35 millions, on n'aurait pas hésité une minute à concéder le remboursement ; à ce prix, on se serait trouvé heureux de réaliser la pensée du peuple et d'apaiser une si grande et si légitime colère.

Mais, au moyen des combinaisons et des procédés administratifs que je viens d'esquisser, il ne s'agit plus aujourd'hui que de 34 à 35 millions. Donc, sous ce rapport, la difficulté est levée.

Lorsque l'idée de réduire la contribution foncière de 27 millions fut mise en avant pour la première fois, j'eus la pensée d'en proposer l'ajournement et d'affecter à des remboursements partiels et successifs les recettes que l'on voulait supprimer. Ces remboursements auraient produit un bien plus grand effet que la réduction ; c'est qu'aussi ils auraient corrigé les vices de la double répartition de la contribution des 45 centimes et de son dégrèvement, ce que n'a pas fait, ce que ne pouvait pas faire une réduction pure et simple, à moins cependant que l'on n'eût commencé par restituer aux départements lésés les sommes qu'ils avaient payées en trop. C'était environ six millions et demi à retirer aux uns pour les donner aux autres. Ce prélèvement n'aurait eu lieu que pour la première année. L'égalité proportionnelle une fois rétablie, chaque département serait entré en jouissance intégrale de sa part de dégrèvement.

A défaut du remboursement des 45 centimes, voilà au moins ce que l'on aurait dû faire à l'occasion de la diminution des 27 millions sur la contribution foncière.

Je m'arrêtai, parce que, d'une part, le moment ne me semblait pas opportun, et, d'autre part, parce que l'opération du remboursement, liée à une mesure fiscale d'ajournement, pouvait laisser quelques regrets, servir de prétexte pour la dénigrer et amoindrir sa portée.

La réduction des 27 millions une fois proposée, on ne pouvait plus ni reculer ni la transformer. D'un autre côté, le moment ne me semblait pas opportun : on ne voyait alors 1852 que dans le lointain.

VII.

La contribution extraordinaire des 45 centimes pèse toujours sur le cœur et la conscience de ses inventeurs. Ils comprennent qu'ils ont commis une faute lourde, et, en toute circonstance, ils témoignent le désir de se trouver en position de la réparer, afin d'effacer la réprobation, peut-être injuste, qui les poursuit. Consentira-t-on à leur laisser la perspective de cueillir un jour les bénéfices d'une immense popularité ?

Dans le courant du mois d'août dernier, M. Garnier-Pagès, qui a contre-signé le décret du 16 mars 1848, vint à Alençon faire visite à ses coreligionnaires, dans la vue probable de réchauffer leur zèle et d'explorer le terrain électoral. Il parla beaucoup de l'impôt des 45 centimes : c'était son cauchemar ; il l'expliquait et le commentait dans tous les sens, afin d'obtenir l'absolution. Ce repentir révèle la valeur et la portée de la question que je traite.

Toutefois, Dieu me garde de suspecter les intentions ou de déverser le blâme sur qui que ce soit. Si j'ai prononcé quelques paroles amères, elles ont été inspirées par les malheurs du temps, ou la fatalité qui poussait la France vers des écueils ; mais elles ne sauraient s'appliquer aux hommes d'État qui tenaient le gouvernail. Il faudrait, au contraire, leur savoir gré d'avoir courageusement accepté la responsabilité d'une résolution impopulaire, si, comme je suis disposé à le croire, il n'existait alors aucun autre moyen de conjurer les tempêtes et d'éviter de plus grandes calamités. Mais, si l'urgence des besoins et la pression des événements incommensurables qui s'accomplissaient peuvent tout justifier, c'est aussi un argument sans réplique en faveur de l'opinion qui s'obstine à n'admettre le fait que comme un provisoire sujet à régularisation.

On objectera peut-être que le remboursement fractionné n'aura plus la même efficacité, que les ressorts et les leviers perdront la plus grande partie de leur puissance. Il n'en est rien ; c'est le contraire qui est vrai.

D'abord, le remboursement fractionné, tel que je le combine, a tous les avantages du remboursement intégral en un seul terme, puisqu'on met aux mains des contribuables des titres immédiatement disponibles et applicables à leurs besoins journaliers. Il a de plus des avantages qui lui sont propres.

Il vaut mieux, parce qu'il intéresse, pendant une période de cinq années au moins, toutes les classes des citoyens au maintien de la paix publique ;

Il vaut mieux, parce qu'il développe entre tous les membres de la grande famille des sentiments d'union, de concorde et de fraternité bien entendue ;

Il vaut mieux, parce que les intérêts du riche et du pauvre sont placés dans un milieu qui les dispose à se prêter un mutuel appui, à s'enlacer et à se greffer les uns sur les autres ;

Il vaut mieux, parce qu'il crée et localise des valeurs nécessaires aux transactions de tous les jours ;

Il vaut mieux, parce qu'il permet aux hommes d'ordre et de conservation d'exercer une influence tutélaire qui tourne au profit des saines doctrines et de la civilisation.

VIII.

D'après les prévisions pour l'exercice 1852, service ordinaire, le budget présente un excédant de ressources présumé de 9,684,588 fr.

Le remboursement, en inspirant courage, confiance, sécurité et contentement, multipliera les transactions et les moyens d'échange. Les contributions ordinaires seront acquittées plus exactement et avec moins de gêne, les consommations de toute nature s'accroîtront, son heureuse influence s'étendra aux diverses branches des revenus publics, et il n'est pas improbable que l'excédant des recettes, qui n'est évalué qu'à 9,684,588 fr., n'atteigne le chiffre de 20 à 25 millions.

Résumons, et constatons encore une fois que le remboursement est praticable et opportun, — que la justice, la politique, l'ordre social, l'économie politique et financière sont d'accord pour le réclamer.

Reste à explorer les voies et moyens circonscrits dans la limite de 34 à 35 millions, pendant cinq années consécutives.

Si ce chapitre n'est pas le plus difficile à traiter, il n'est pas non plus le moins délicat, parce qu'il faut pénétrer dans la citadelle des vieux préjugés et des longs abus. Il y aura résistance d'abord, c'est inévitable ; mais on finira par céder. Il est raisonnable d'espérer qu'un patriotisme plus éclairé et mieux compris ne tardera pas à prévaloir.

On voit de suite que je vais procéder par élimination et demander à des réformes les ressources qui nous sont indispensables.

IX.

Le département de la guerre est le plus grand consommateur. A lui donc les honneurs.

Son budget pour 1852 est basé sur un effectif de 377,130 hommes et 84,935 chevaux, savoir :

	HOMMES.	CHEVAUX.
Pour l'intérieur	307,130	71,062
Pour l'Algérie	70,000	13,873
TOTAL	377,130	84,935

Je propose de réduire cet effectif d'un dixième pour l'intérieur et d'un septième pour l'Algérie ; il serait alors de 336,417 hommes et 75,848 chevaux, savoir :

	HOMMES.	CHEVAUX.
Pour l'intérieur	276,417	63,956
Pour l'Algérie	60,000	11,892
TOTAL	336,417	75,848

Je sais que les hommes du métier vont crier à l'impossible ! mais il n'est pas un seul homme sensé et impartial, quelle que soit sa ligne politique, qui ne juge ces réductions très-modérées. On ne persuadera à personne qu'un effectif de 276,417 hommes soit insuffisant pour assurer la paix publique à l'intérieur, et qu'après avoir guerroyé pendant plus de vingt ans en Algérie, notre conquête ne soit pas à l'abri de toute insulte, avec une vaillante armée de 60,000 hommes. S'il en était autrement, il faudrait désespérer de l'avenir.

Nous jouissons depuis trente-six ans d'une paix profonde, et, depuis trente-six ans, le bon sens national, qui est un guide très-sûr, je dirais même infaillible, proteste contre l'exagération de notre armée permanente. Il est bien temps de lui procurer un commencement de satisfaction. Cela constituera un progrès très-réel, qui viendra s'ajouter à la popularité du remboursement.

Je n'établirai pas de discussion sur les éventualités d'une guerre générale, qui devient de jour en jour plus impossible. Nos idées valent mieux que des baïonnettes : elles aussi sont de vaillants soldats.

La réduction de l'effectif conduit à des atténuations correspondantes dans les dépenses.

X.

Analysons le budget de la guerre tel qu'il est projeté pour l'exercice 1852.

CHAPITRES.		PRÉVISIONS.	RÉDUCTIONS	CRÉDITS MODIFIÉS.
		fr.	fr.	fr.
1.	Administration centrale (personnel).............	1,631,400	200,000	1,431,400
	La réduction de 200,000 fr. paraîtra bien modeste, si l'on fait attention			
	1° Que les bureaux seront moins surchargés de travail, l'effectif étant moindre ;			
	2° Que la plupart des employés supérieurs sont pourvus d'un grade militaire ; que lorsque leur traitement d'activité est supérieur à celui compris dans le chapitre 1er, ce dernier est immédiatement reversé au Trésor, en exécution de l'article 14 de la loi du 15 mai 1850 ;			
	Le produit de ces reversements s'est élevé en 1850 à la somme de 85,647 fr. 50 c.; d'où je conclus que la composition du personnel peut être réglée de manière à rendre cette bonification permanente, et, par conséquent, susceptible d'être immédiatement retranchée du crédit demandé ;			
	3° Que le personnel de l'administration centrale de la guerre, au nombre de 552 employés, présente un luxe et une surabondance que l'on ne retrouve dans aucun autre ministère; — que l'on compare ?			
	A REPORTER..........	1,631,400	200,000	1,431,400

CHAPITRES.		PRÉVISIONS.	RÉDUCTIONS	CRÉDITS MODIFIÉS.
		fr.	fr.	fr.
	REPORT..........	1,631,400	200,000	1,431,400

Justice. — Administration centrale (personnel). 392,000
Affaires étrangères, — 417,400
Instruction publique, — 382,350
Cultes, — 174,200
Intérieur, — 718,900
Agriculture et Commerce, — 463,150
Travaux publics, — 490,550
Marine, — 826,900

Je laisse de côté le ministère des finances, parce qu'il embrasse tout, qu'il se ramifie à l'infini et qu'il est sans analogie avec aucun autre, ou plutôt, que ses travaux résument et récapitulent les travaux de tous les ministères.

Ce simple rapprochement ne suffit-il pas pour faire comprendre que ce n'est pas 200,000 fr. qu'il faudrait retrancher, mais bien 600,000 fr. en cavant au plus bas.

| 2 | Administration centrale (matériel)............... | 279,000 | 29,000 | 250,000 |

Pour réaliser l'économie de 29,000 fr., il ne faudra pas une investigation ou surveillance bien sévère sur les dépenses concernant les fournitures de bureau, l'entretien et le renouvellement du mobilier, les réparations et entretien des bâtiments et hôtels de la guerre.

| 3 | Frais généraux d'impressions.................. | 248,000 | 48,000 | 200,000 |

Que ces frais soient réglés avec soin, que l'on évite le gaspillage, et avec 200,000 fr. on fera très-bien tout ce qui est réellement utile ?

Les chapitres 1, 2 et 3 que je viens d'examiner seraient réductibles au même degré, lors même que l'effectif serait maintenu tel qu'il est proposé.

| 4 | Etats-majors .... | 14,745,225 | 2,098,123 | 12,647,102 |

L'effectif étant réduit, on peut réaliser une économie de 1,475,225 fr. L'opinion publique crie et proteste contre le luxe des états-majors, de plus, le corps de l'Intendance militaire a acquis des proportions vraiment démesurées, il lui faut 2,491,594 fr. ni plus, ni moins. A ce prix l'administration de l'armée coûte presqu'autant que l'administration départementale de toute la France. Pourquoi, dans les postes peu importants de l'intérieur ne pas confier ces fonctions aux conseillers de préfectures et aux sous-préfets. Un petit nombre d'intendants placés dans des résidences centrales dirigeraient et contrôleraient; cela se pratiquait sous l'Empire, cela se pratique encore aujourd'hui exceptionnellement. Pour mettre un terme à la végétation exhubérante du corps de l'intendance, il suffirait de traduire l'exception en

règle générale. Mais sans attendre une réforme aussi large, on peut soustraire de suite un bon quart, ou 622,898 fr. qui joints aux 1,475,225 fr. donnent une réduction totale de 2,098,123 fr.

CHAPITRES.		RÉVISIONS.	RÉDUCTIONS	CRÉDITS MODIFIÉS.
		fr.	fr.	fr.
5.	Gendarmerie..................................	26,290,561	»	26,290,561
6.	Garde républicaine...........................	2,512,382	»	2,512,382
7.	Recrutement et réserve.......................	470,000	»	470,000
8.	Justice militaire.............................	937,150	37,150	900,000

Cette réduction n'est même pas proportionnelle à celle de l'effectif.

| 9. | Solde et entretien des troupes................. | 152,986,591 | 16,631,482 | 136,355,109 |

Réduction d'un dixième pour l'intérieur et d'un septième pour l'Algérie, ce qui donne 16,631,482 fr.

| 10. | Habillement et campement..................... | 15,981,543 | 1,531,549 | 12,449,994 |

Même cause et même proportion que pour le chapitre 9.

| 11. | Lits militaires................................ | 5,689,912 | 615,563 | 5,074,349 |
| 12. | Transports généraux.......................... | 1,788,914 | 200,155 | 1,588,759 |

Les chapitres 11 et 12 ont subi une réduction en rapport avec celle de l'effectif.

| 13. | Remonte générale............................. | 6,151,400 | 4,150,000 | 2,001,400 |

Ce chapitre doit supporter une réduction très-considérable, attendu que la diminution de l'effectif en chevaux dispense d'en acheter. Les bons remplaceront ceux susceptibles d'être réformés.

| 14. | Harnachement................................ | 631,823 | 68,339 | 565,486 |
| 15. | Fourrages.................................... | 26,366,635 | 2,827,054 | 23,539,581 |

Les chapitres 14 et 15 ont subi des réductions en rapport avec celles de l'effectif.

16.	Solde de non-activité et solde de réforme........	478,510	»	478,510
17.	Secours......................................	1,207,000	»	1,207,000
18.	Dépenses temporaires.........................	271,600	»	271,600
19.	Subvention aux fonds de retraite...............	831,792	»	831,792
20.	Dépôt général de la guerre.....................	131,500	»	131,500
21.	Matériel de l'artillerie (intérieur)...............	5,584,046	558,404	5,025,642

La réduction de la dépense est la conséquence de la diminution de l'effectif. Abstraction faite de cette cause, les constructions et réparations pourraient être circonscrites dans de plus étroites limites.

22.	Matériel de l'artillerie (Algérie)................	311,058	»	311,058
23.	Poudres et salpêtres (personnel)................	549,468	»	549,468
24.	— (matériel)................	3,836,323	»	3,836,323
25.	Matériel du génie (intérieur)	7,670,000	1,065,000	6,605,000

Les articles 1 et 2 de ce chapitre qui ont pour objet, les fortifications et les bâtiments militaires peuvent supporter une réduction de 1,065,000 fr.

| 26. | Matériel du génie (Algérie).................... | 3,350,000 | » | 3,350,000 |
| 27. | Écoles militaires.............................. | 2,068,375 | » | 2,068,375 |

CHAPITRES.		PRÉVISIONS.	RÉDUCTIONS	CRÉDITS MODIFIÉS.
		fr.	fr.	fr.
28.	Invalides de la guerre......................	2,671,941	»	2,671,941
29.	Gouvernement et administration générale de l'Algérie.................................	779,700	»	779,70
30.	Services militaires indigènes en Algérie..........	7,470,263	»	7,470,263
51.	Service maritime en Algérie...................	532,000	»	532,000
52.	Administration provinciale en Algérie	729,500	»	729,500
53.	Services financiers en Algérie..................	1,304,245	»	1,304,245
34.	Indemnités pour expropriations en Algérie, antérieures à 1845	1,200,000	»	1,200,000
55.	Colonisation en Algérie..........	2,615,000	»	2,615,000
56.	Etablissement disciplinaire en Algérie...........	700,000	»	700,000
37.	Travaux civils en Algérie......................	5,641,210	»	5,641,000
58.	Dépenses secrètes en Algérie...................	150,000	»	150,000

Je n'ai rien retranché des dix derniers chapitres, qui présentent une fort belle dotation pour le gouvernement de l'Algérie.

	PRÉVISIONS.	RÉDUCTIONS	CRÉDITS MODIFIÉS.
Total de la 1re section (service ordinaire)..	304,794,069	30,059,819	274,734,250

2e SECTION. — *Travaux extraordinaires*.

		PRÉVISIONS.	RÉDUCTIONS	CRÉDITS MODIFIÉS.
1.	Matériel de l'artillerie (intérieur)...............	700,000	»	700,000
2.	Matériel du génie (intérieur)...................	3,010,000	»	3,010,000
	Total de la 2e section (travaux extraordinaires).	5,710,000	»	3,710,000

RÉCAPITULATION :

	PRÉVISIONS.	RÉDUCTIONS	CRÉDITS MODIFIÉS.
Service ordinaire	304,794,069	30,059,819	274,734,250
Travaux extraordinaires......................	3,710,000	»	3,710,000
TOTAL GÉNÉRAL.....................	308,504,069	30,059,819	278,444,25

XI.

Je n'entreprendrai pas le même travail d'analyse pour les autres départements ministériels. Je me bornerai à indiquer, par masses, les économies que je crois praticables avec un peu de bon vouloir. Il ne faut qu'un peu moins de dévouement à des intérêts spéciaux et un peu plus à des intérêts plus grands et plus généraux, c'est-à-dire regarder en haut au lieu de regarder en bas.

Après la guerre, consommateur improductif, vient la marine. Là aussi des remèdes héroïques seraient nécessaires. Abus, prodigalités, malversations même semblent avoir fait élection de domicile dans cette vaste administration. C'est une espèce de masse noire ; les *Annales judiciaires* en disent quelque chose.

Avec une comptabilité plus serrée, une surveillance plus inexorable, surtout en ce qui concerne les approvisionnements généraux, les fournitures de toute nature, les subsistances et les hôpitaux, on peut considérablement réduire le chiffre des dépenses. Je n'évalue pas au-dessous de huit millions les économies prudemment réalisables.

Les allocations budgétaires du ministère des travaux publics se résolvent toutes ou presque toutes en dépenses productives et en salaires. C'est la liste civile des classes laborieuses ; on doit la respecter.

Bref, je me borne à demander, en dehors de la guerre et de la marine, à tous les autres départements ministériels réunis, — justice, affaires étrangères, instruction publique et cultes, intérieur, agriculture et commerce, travaux publics, finances, — un contingent de neuf millions.

Alors le compte général des réductions s'établira de la manière suivante :

	fr.
Ministère de la guerre	50,059,819
— — marine	8,000,000
Tous les autres réunis	9,000,000
Total général	47,059,819

Le gros lot est prélevé sur le budget de la guerre. Pour le rendre immédiatement disponible, il suffirait de rencontrer un ministre vraiment homme d'État. Celui-ci comprendrait sans peine que le remboursement de la contribution extraordinaire des 45 centimes, uni à de sages réformes, vaut mieux et donne plus de force au gouvernement qu'un accroissement de l'effectif de l'armée, fût-il de 200,000 hommes.

Voilà donc une ressource de.................. 47,059,819 fr.
Le remboursement n'exige que.............. 34,854,481

Excédant............... 12,205,338

Si l'on ne veut pas ou si l'on ne peut pas opérer d'un seul coup une amputation aussi large, cet excédant de 12,205,338 fr. laisse suffisamment de marge pour calmer les susceptibilités exagérées ou les résistances opiniâtres. On demanderait quelques millions de moins aux budgets de la guerre et de la marine, et un peu moins à chacun des autres départements ministériels. L'excédant offre donc un terrain sur lequel les intérêts froissés viendraient transiger.

Mais si l'on ne pouvait pas se résoudre à porter le fer sur les plaies du budget, il ne faudrait pas encore repousser la mesure réparatrice. Réduit au chiffre annuel de 34,854,481 fr. et avec la perspective, sous son influence, d'un excédant de recettes de 20 à 25 millions, ainsi que je l'ai expliqué, le remboursement serait toujours très-praticable. Dans ce cas, on demanderait un supplément de ressources à l'amortissement et à la dette flottante, ainsi qu'on le fait déjà à l'égard des travaux extraordinaires, qui sont inscrits au budget de 1852 pour 74,112,268 fr.

L'action de l'amortissement est suspendue depuis 1848. En sorte que, sous ce rapport, rien ne serait changé à la situation actuelle.

Enfin, n'avons-nous aucune créance à recouvrer ? Nos comptes avec la Grèce et avec l'Espagne sont-ils soldés ? Nous avons payé aux Etats-Unis une créance douteuse de 25 millions et à Pritchard une indemnité honteuse. Après nous être exécutés de si bonne grâce, ne pourrions-nous pas exiger de nos débiteurs quelques à-compte ?

A quelque point de vue que l'on se place, vouloir c'est pouvoir.

XII.

Le parti légitimiste, invariable dans ses tendances, ne donne qu'un concours accidentel ; il veut un pouvoir faible et dans sa dépendance.

La classe bourgeoise, où s'était implanté le philippisme, moins exclusive et moins réfractaire, ne présente pas un corps homogène et compacte. Les uns tournent leurs regards vers les d'Orléans, les autres inclinent vers Louis-Napoléon ; mais il n'y a chez aucun ni enthousiasme, ni ardeur, — pas de foi, pas de religion politique. C'est le culte des intérêts matériels, ou l'expression utilitaire et économique de l'ordre social.

Au reste, légitimistes, orléanistes et bourgeois ne sont par eux-mêmes qu'une imperceptible minorité. Leur valeur résulte de ce fait qu'ils sont le levier qui aide à soulever les masses. Pour que ce levier eût toute sa puissance, il faudrait que légitimistes, orléanistes et bourgeois fussent reliés en un seul faisceau par des convictions communes et sympathiques. L'homme sans éloquence, mais convaincu, est plus fort et persuade mieux que l'homme le plus éloquent, mais sans convictions.

Ainsi le levier qui est aux mains des légitimistes, des orléanistes, des bourgeois et même des bonapartistes, est un levier à demi brisé, qui ne retrouvera de point d'appui solide que dans une grande mesure de salut public, de justice et de réparation.

La *Presse* du 26 octobre dernier (premier Paris) rappelle avec douleur l'impôt des 45 centimes, et le *Charivari* du 25 du même mois plaisante très-agréablement sur la bonhomie des paysans qui avaient eu la simplicité de croire à la restitution. Si c'était une chimère, elle avait été éveillée et entretenue par les candidats de l'opposition radicale, qui tous ou presque tous promettaient le remboursement. Nous avons encore sous les yeux leurs professions de foi ; nous y lisons : *Si je suis choisi par vous, je demanderai le remboursement immédiat des 45 centimes.*

Après l'élection, qu'ont-ils demandé ? Quel rayon de lumière est descendu de la Montagne ?

Si les populations rurales obtenaient le redressement de leur plus grand grief, le bilan de l'administration triennale de Louis-Napoléon présenterait les résultats suivants :

Remboursement des 45 centimes..........	174,272,405	26
Dégrèvement sur la contribution foncière.	27,000,000	»
— sur l'impôt du sel............	51,000,000	»
— sur l'enregistrement	6,000,000	»
— sur la rétribution postale....	6,000,000	»
Total.................	264,272,405	26

Ces chiffres parleraient plus haut et seraient mieux compris que toutes les lois de stratégie et de spéculation politico-parlementaire. D'ailleurs, une bonne mesure n'en exclut pas une meilleure et plus immédiatement appréciable.

———

XIII.

Ainsi que nous l'avons expliqué, le remboursement des 45 centimes jetterait dans la circulation pour 174,272,405 fr. 26 c. d'excellentes valeurs, toujours réalisables. Cette ressource aurait une efficacité sérieuse, tandis que les sommes que l'on inscrit chaque année au budget de l'État en faveur de l'agriculture, ne sont, comparativement aux besoins, qu'une goutte d'eau dans l'Océan, un grain de sable dans l'immensité.

Ce mode de remboursement conduirait peut-être à des institutions permanentes de crédit foncier, de banque agricole et de prêts d'honneur, noble pensée qui est restée stérile à cause de la stérilité du cœur et du cerveau du plus grand nombre des administrateurs qui étaient plus spécialement chargés de la traduire en faits palpables, ou encore par la négligence de ceux qui, étant capables de la comprendre et de la féconder, se sont dispensés d'en faire une étude sérieuse.

Le mot *impossible* est si facile à prononcer ! la paresse le trouve si commode !

Ajouterai-je que le prêt d'honneur est une plante exotique, dont l'acclimatation est d'autant plus difficile que beaucoup de gens qui savent compter la considèrent comme vénéneuse.

On observerait attentivement, pendant cinq ans, le jeu, le rôle et la fonction des inscriptions de remboursement sur l'économie sociale et agricole. Si l'on avait lieu de s'en applaudir, il ne s'agirait plus que de perfectionner l'instrument; on se trouverait avoir fait une expérience instructive et fructueuse, sans s'être exposé au danger d'innover.

Lorsque les inscriptions de remboursement auraient fait leur temps et seraient complétement absorbées, c'est-à-dire payées et hors de circulation, on pourrait leur substituer des valeurs similaires avec coupons ou annuités et roulement quinquennal.

Elles prendraient la dénomination d'*inscription de crédit*.

On délivrerait à chaque contribuable une inscription de crédit égale au montant ou même au double de sa contribution foncière, remboursable par lui en cinq termes égaux, d'année en année. Le trésor public se porterait garant des remboursements successifs, et les percepteurs seraient chargés de recouvrer et de payer.

Après cinq ans, on délivrerait de nouveaux titres, et ainsi de suite. Les inscriptions de crédit, par leur mobilité et leur renouvellement, deviendraient l'image de la mobilité de la propriété foncière elle-même, avec laquelle elles s'harmoniseraient sans cesse.

Ces valeurs, renfermées dans de sages et étroites limites, inspireraient tout autant de confiance que le numéraire lui-même : elles seraient du numéraire localisé, toujours présent, toujours disponible; le propriétaire aisé les accepterait en payement, ou livrerait en échange des espèces métalliques, sans intérêt, certain qu'il serait de rentrer dans ses capitaux. Voilà le prêt d'honneur. C'est au moins un germe à développer.

Le petit propriétaire payerait le travail du simple ouvrier avec ce papier; le simple ouvrier trouverait un propriétaire plus aisé qui se ferait un plaisir de l'échanger contre des écus. En sorte qu'il y aurait obligeance, bons procédés et contrats fraternels de tous les instants avec les diverses classes de la société. Il en résulterait engrenage de tous les intérêts, de ceux du riche, du pauvre, de l'ouvrier et du prolétaire.

Voilà, je crois, l'une des faces de la grande question de l'assistance publique.

Je ne pousserai pas plus loin ces aperçus. Cette digression, bien qu'étrangère au remboursement des 45 centimes, s'y relie si naturellement et d'une manière si intime, que je me suis laissé glisser sur la pente.

Je reviens à la contribution extraordinaire des 45 centimes.

XIV.

En 1815, de douloureuse mémoire, la monarchie traditionnelle se trouva dans la dure nécessité de frapper un emprunt forcé de cent millions de francs. Peut-être eût-il été préférable et d'une meilleure politique, en 1848, d'imiter cet exemple.

Le remboursement de cet emprunt ne fut jamais mis en question, précisément parce qu'il n'était qu'un emprunt.

Mais l'impôt des 45 centimes est-il autre chose qu'un emprunt déguisé, sous la fausse dénomination de contribution extraordinaire ? L'inégalité de la répartition lui a imprimé ce caractère qu'il est essentiel de lui conserver, parce que de là résulte le droit au remboursement. J'ai déjà traité cette question ; j'y reviendrai encore, afin de compléter la démonstration.

L'emprunt des cent millions, ainsi que les fournitures en nature faites à notre vaillante et malheureuse armée de la Loire, furent scrupuleusement remboursés. Le payement de ces créances arriérées devint l'occasion et la cause de nombreux abandons en faveur des communes, des établissements publics, des hospices et des bureaux de bienfaisance.

La restitution des 45 centimes engendrera probablement les mêmes actes de patriotisme et de désintéressement.

Si la monarchie traditionnelle a religieusement acquitté les charges que lui avaient léguées les malheurs du temps, la République de 1848 consentirait-elle à accepter une comparaison désavantageuse ? Non, sans doute ; elle ne voudra être ni moins juste ni moins généreuse.

L'irrégularité de la répartition a donné lieu à un déplacement de plus de six millions et demi à l'avantage de trente-cinq départements et au détriment des cinquante et un autres. Il en est qui ont payé depuis 100,000 jusqu'à 493,000 fr. au delà de leur contingent proportionnel.

J'ai étudié et constaté ces faits exorbitants au moyen de minutieuses recherches et de longs calculs. Alors j'ai pu dresser un état comparatif qui met en relief les vices de la répartition.

1° De la contribution extraordinaire de 192,064,733 fr. 72 c., dite des 45 centimes (décret du 16 mars 1848) ;

2° D'une somme de 17,792,328 fr. 46 c., accordée, à titre de dégrèvement, sur cette contribution

Ledit état faisant connaître :

1° Ce que chaque département a payé, en prenant pour base le principal, augmenté des centimes additionnels de toute nature et de toute origine, multiplié par 0,45. — Répartition inique et aveugle ;

2° Ce que chaque département aurait dû payer, si l'on eût pris pour base le principal seul, sans mélange d'aucun élément variable, accidentel ou local, multiplié par un chiffre suffisant (0,764,245), pour produire la même recette extraordinaire de 192,064,733 fr. 72 c. — Répartition moins capricieuse, plus juste et plus rationnelle ;

3° La portion de dégrèvement qui a été attribuée à chaque département, sans partir d'une base équitable. — Répartition arbitraire ;

4° La portion qui aurait dû être attribuée à chaque département, en prenant pour base le principal des quatre contributions directes réunies, multiplié par un chiffre suffisant (0,070,549), pour produire les 17,792,328 fr. 46 c., montant du dégrèvement. — Répartition proportionnelle ;

5° Ce que chaque département, tout compensé, a payé en plus ou en moins ;

6° Enfin, le nombre de centimes additionnels ajoutés, en 1848, au principal de chacune des quatre contributions directes. — Élément perturbateur.

DÉPARTEMENTS.	PRINCIPAL en 1848 des 4 contributions directes réunies.	CONTRIBUTION EXTRAORDINAIRE DE 192,064,733 fr. 72 c.				DÉGRÈVEMENT DE 17,792,328 fr. 46 c.				TOUT COMPENSÉ.		CENTIMES ADDITIONNELS sur la contribution.			
		Répartition aveugle.	Répartition intelligente.	Plus payé.	Moins payé.	Répartition arbitraire.	Répartition proportionnelle.	Plus reçu.	Moins reçu.	Plus payé.	Moins payé.	Foncière.	Person. et mobilièr.	Portes et fenêtres.	Patentes.
Ain	1,830,654 »	1,459,446 05	1,400,427 41	59,018 62	» »	77,623 08	129,730 56	» »	52,107 48	111,126 10	» »	83	76 7/10	46 5/10	37 5/10
Aisne	4,271,577 »	3,625,100 46	3,251,716 64	373,383 82	» »	332,043 [illegible]	301,227 34	30,816 60	» »	342,567 22	» »	118 2/10	106 8/10	76 9/10	66 9/10
Allier	1,894,079 »	1,484,997 80	1,441,858 17	43,130 63	» »	174,511 50	133,568 56	40,942 94	» »	2,196 69	» »	79	78 8/10	47 6/10	39 3/10
Alpes (Basses-)	876,551 »	706,829 20	667,270 07	39,559 13	» »	85,944 [illegible]	61,813 50	22,131 38	» »	17,427 75	» »	83 8/10	83 3/10	53 5/10	45 6/10
Alpes (Hautes-)	721,317 »	539,449 17	540,098 96	» »	9,649 79	52,576 [illegible]	50,866 55	1,709 60	» »	» »	11,359 39	71 7/10	71 1/10	40 6/10	31 2/10
Ardèche	1,424,787 »	1,215,414 14	1,084,611 98	130,802 16	» »	90,070 [illegible]	100,474 56	» »	10,403 97	141,206 15	» »	96 2/10	92 5/10	62 7/10	56 3/10
Ardennes	2,140,720 »	1,711,237 63	1,629,616 96	81,620 67	» »	116,409 [illegible]	150,961 86	» »	34,551 97	116,172 64	» »	88 3/10	81 8/10	52 2/10	43 5/10
Ariége	945,478 »	774,357 47	719,740 40	54,617 07	» »	173,450 [illegible]	66,674 10	106,776 74	» »	» »	52,159 67	88 9/10	84 1/10	54 2/10	41 3/10
Aube	2,154,371 »	1,671,590 17	1,640,004 15	31,586 02	» »	74,791 [illegible]	151,924 09	» »	77,132 98	108,719 »	» »	80 3/10	74 2/10	44	35 2/10
Aude	2,360,689 »	1,860,561 24	1,803,913 90	56,647 34	» »	187,529 [illegible]	167,108 10	20,421 19	» »	36,226 15	» »	78 9/10	77 2/10	45 2/10	36 2/10
Aveyron	2,023,752 »	1,582,226 12	1,540,555 87	41,670 25	» »	398,918 [illegible]	142,711 56	256,206 80	» »	» »	214,536 55	77 4/10	77 1/10	48 3/10	41 8/10
B.-du-Rhône	3,947,229 »	2,868,596 75	3,004,808 34	» »	136,211 59	337,294 [illegible]	278,354 64	58,940 02	» »	» »	195,151 01	72 8/10	74 2/10	41 8/10	33 9/10
Calvados	5,307,804 »	4,130,500 02	4,109,051 30	21,448 72	» »	258,720 [illegible]	380,647 74	» »	121,921 56	143,370 28	» »	74 8/10	74 9/10	44 5/10	38
Cantal	1,466,581 »	1,142,585 15	1,116,427 45	26,157 70	» »	96,438 [illegible]	103,421 83	» »	6,983 79	33,141 40	» »	76 5/10	74 8/10	45 5/10	36 6/10
Charente	2,535,271 »	2,025,266 06	1,929,962 37	95,304 29	» »	165,613 [illegible]	178,784 78	» »	13,170 99	108,475 28	» »	82 9/10	78 6/10	48 1/10	39 8/10
Charente-Inf.	3,455,198 »	2,810,588 89	2,630,252 20	180,136 69	» »	197,659 [illegible]	243,667 11	» »	45,097 99	226,134 68	» »	86	85 6/10	52 6/10	43 6/10
Cher	1,529,267 »	1,208,227 61	1,164,146 86	44,080 75	» »	67,461 [illegible]	107,842 38	» »	40,381 »	84,461 75	» »	80 6/10	80 4/10	50 4/10	42 6/10
Corrèze	1,215,394 »	941,808 03	925,212 61	16,595 42	» »	167,264 [illegible]	85,708 37	81,556 04	» »	» »	64,960 62	70	76 1/10	46 4/10	57 8/10
Corse	378,732 »	352,033 22	288,307 84	63,725 38	» »	36,948 [illegible]	26,707 80	10,240 62	» »	53,484 76	» »	136 5/10	105 2/10	65	55 6/10
Côte-d'Or	3,716,095 »	2,716,037 98	2,828,858 74	» »	112,820 76	133,070 [illegible]	262,055 30	» »	128,084 78	15,264 02	» »	68 3/10	63 9/10	33 8/10	26 1/10
Côtes-du-Nord	2,415,609 »	1,852,162 76	1,838,870 27	13,292 49	» »	65,158 [illegible]	170,346 33	» »	105,188 06	118,480 55	» »	74 3/10	72 9/10	45 2/10	36 2/10
Creuse	1,051,700 »	792,193 80	785,376 47	6,817 42	» »	115,666 [illegible]	72,754 45	42,912 26	» »	» »	36,094 84	74 9/10	72 6/10	43 1/10	35 6/10
Dordogne	2,840,132 »	2,281,291 90	2,162,036 88	119,255 02	» »	334,410 [illegible]	200,283 27	134,126 92	» »	» »	14,871 30	81 1/10	85 4/10	53 1/10	45 6/10
Doubs	1,901,602 »	1,371,763 72	1,447,585 01	» »	75,821 29	109,535 [illegible]	134,099 07	» »	24,563 91	» »	51,257 38	66 1/10	66	36	29 3/10
Drôme	1,872,204 »	1,595,120 17	1,425,205 95	169,914 24	» »	82,271 [illegible]	132,025 95	» »	49,754 02	219,668 26	» »	96 7/10	92 5/10	62 3/10	52 6/10
Eure	4,556,973 »	3,537,063 08	3,468,972 91	68,092 17	» »	264,440 [illegible]	321,353 18	» »	56,912 38	125,004 55	» »	83 3/10	82 2/10	52 9/10	46 6/10
Eure-et-Loir	3,011,203 »	2,399,454 73	2,292,263 23	107,191 50	» »	72,528 [illegible]	212,347 03	» »	139,818 81	247,010 31	» »	83 9/10	83 9/10	56	42 4/10
Finistère	2,408,349 »	1,757,024 72	1,833,343 63	» »	76,318 91	53,096 [illegible]	169,834 36	» »	116,738 08	40,419 17	» »	68 3/10	69	38 9/10	32
Gard	2,901,656 »	2,147,838 24	2,208,871 12	» »	61,032 88	121,405 [illegible]	204,621 88	» »	83,215 89	22,183 01	» »	73 6/10	70	38 3/10	28 9/10
Garonne (H.-)	3,521,032 »	2,701,015 10	2,680,368 »	20,645 10	» »	257,871 [illegible]	248,299 66	9,571 56	» »	11,073 54	» »	78 3/10	75	42 1/10	34 2/10
Gers	2,215,973 »	1,666,345 43	1,686,898 37	» »	20,552 94	206,744 [illegible]	156,268 20	50,475 88	» »	» »	71,028 82	70 3/10	71 1/10	40 8/10	32
Gironde	5,355,141 »	4,110,086 07	4,061,326 57	48,759 50	» »	591,660 [illegible]	376,226 [illegible]	215,434 09	» »	» »	160,674 59	81 2/10	78 1/10	45 6/10	36 9/10
Hérault	5,475,412 »	2,666,080 40	2,645,640 »	20,440 40	» »	247,760 [illegible]	245,082 58	2,678 29	» »	17,762 11	» »	76 9/10	75 4/10	42 9/10	35 5/10
Ille-et-Vilaine	2,036,860 »	2,207,205 75	2,235,670 »	» »	28,464 25	90,764 [illegible]	207,104 45	» »	116,339 78	87,875 53	» »	72 8/10	72 2/10	34 5/10	33 1/10
Indre	1,407,203 »	1,308,066 60	1,139,730 82	168,326 78	» »	106,924 [illegible]	105,581 40	1,342 68	» »	168,984 10	» »	100 2/10	96 4/10	66 1/10	56 7/10
Indre-et-Loire	2,390,992 »	1,944,132 50	1,820,130 71	124,001 85	» »	122,884 [illegible]	168,610 37	» »	45,725 92	169,727 77	» »	86 2/10	83 5/10	54 5/10	47 2/10
Isère	3,511,250 »	2,840,902 04	2,672,910 85	167,991 19	» »	229,079 [illegible]	247,608 85	» »	18,529 50	186,520 78	» »	86	83 2/10	52 6/10	42 5/10
Jura	1,947,253 »	1,465,169 84	1,482,336 61	» »	17,166 77	92,521 [illegible]	137,318 33	» »	44,796 59	27,029 82	» »	71 7/10	71 5/10	41 2/10	34 7/10
Landes	1,165,725 »	869,563 76	887,402 33	» »	17,838 57	76,034 [illegible]	82,205 70	» »	5,551 49	» »	12,287 08	71 2/10	72 1/10	42	34 5/10

CONTRIBUTION EXTRAORDINAIRE DE 192,064,753 fr, 72 c. — **DÉGRÈVEMENT DE 17,792,328 fr. 46 c.** — **TOUT COMPENSÉ** — **CENTIMES ADDITIONNELS sur la contribution.**

DÉPARTEMENTS.	PRINCIPAL en 1848 des 4 contributions directes réunies.	Répartition aveugle.	Répartition intelligente.	Plus payé.	Moins payé.	Répartition arbitraire.
Loir-et-Cher..	1,869,394 »	1,489,617 05	1,423,066 84	66,550 21	» »	87,502 45
Loire........	2,490,900 »	1,919,528 13	1,806,185 47	23,342 96	» »	111,595 66
Loire (Haute-)	1,431,809 »	1,085,019 07	1,080,729 07	» »	4,709 10	131,097 85
Loire-Infér...	2,985,035 »	2,271,184 79	2,272,341 45	» »	1,150 06	233,973 21
Loiret.......	2,856,852 »	2,283,865 89	2,174,749 08	109,116 81	» »	145,035 38
Lot..........	1,711,831 »	1,597,651 98	1,303,122 79	94,529 19	» »	234,192 19
Lot-et-Garon..	2,787,555 »	2,182,048 98	2,121,097 08	60,951 90	» »	236,389 64
Lozère.......	784,816 »	597,662 29	597,437 26	225 03	» »	94,389 38
Maine-et-Loire	3,626,865 »	2,785,570 55	2,760,932 85	24,637 68	» »	110,060 09
Manche.......	4,394,296 »	3,459,149 15	3,495,101 12	» «	33,054 97	290,052 76
Marne........	3,165,131 »	2,538,774 54	2,407,917 66	130,856 88	» »	151,495 78
Marne (Haute-)	2,053,585 »	1,451,307 18	1,547,881 33	» »	96,574 15	55,678 46
Mayenne......	2,162,935 »	1,735,735 07	1,646,524 22	89,210 82	» »	69,565 08
Meurthe......	2,797,341 »	2,005,753 05	2,129,461 85	» »	123,708 80	138,490 60
Meuse........	2,304,702 »	1,696,900 68	1,754,488 55	» »	57,587 87	71,597 17
Morbihan.....	2,084,645 »	1,522,196 49	1,586,925 58	» »	64,729 09	77,950 90
Moselle......	2,727,253 »	2,005,530 72	2,076,007 71	» »	72,770 99	120,404 45
Nièvre.......	1,876,544 »	1,488,226 01	1,428,507 45	59,718 56	» »	85,454 12
Nord.........	7,701,415 »	5,854,137 78	5,802,435 29	» »	28,297 51	542,710 93
Oise.........	4,044,564 »	3,592,529 50	3,078,904 12	513,425 39	» »	217,826 54
Orne.........	3,202,234 »	2,495,721 43	2,506,196 07	» »	12,475 24	118,710 69
Pas-de-Calais.	4,802,515 »	3,826,245 09	3,701,412 98	124,802 07	» »	245,468 30
Puy-de-Dôme.	3,544,977 »	2,539,544 35	2,546,347 02	» »	7,002 67	294,690 66
Pyrénées (B.-)	1,637,536 »	1,287,542 75	1,246,566 09	40,976 66	» »	241,526 64
Pyrénées (H.-)	928,604 »	687,024 05	706,892 87	» »	10,268 82	100,500 07
Pyrénées-Or..	1,005,746 »	767,123 65	765,619 11	1,504 54	» »	76,175
Rhin (Bas-)...	3,474,900 »	2,486,811 85	2,645,250 25	» »	158,438 40	270,267 14
Rhin (Haut-)..	2,810,198 »	1,087,903 »	2,139,249 18	» »	151,286 18	289,733 51
Rhône........	5,005,340 »	3,577,530 43	3,810,442 30	» »	252,911 87	571,404 06
Saône (Haute-)	2,155,605 »	1,545,020 08	1,624,241 81	» »	110,521 73	112,731 66
Saône-et-Loire	3,970,071 »	2,904,555 13	3,026,704 17	» »	122,400 04	248,595 59
Sarthe........	3,118,358 »	2,384,273 40	2,573,834 44	10,438 96	» »	130,585 81
Seine........	22,302,415 »	14,704,802 85	17,027,844 08	» »	2,323,041 25	2,055,465 53
Seine-Infér...	8,500,477 »	6,141,908 02	6,544,025 13	» «	403,056 51	450,509 26
Seine-et-Marne	3,900,195 »	3,315,199 58	2,909,002 42	346,197 15	» »	187,444 20
Seine-et-Oise.	5,248,560 »	4,213,162 81	3,995,446 91	217,715 90	» »	346,072 26
Sèvres (Deux-)	1,904,677 »	1,571,162 07	1,516,454 10	55,008 51	» »	101,631 13
Somme........	4,924,671 »	3,809,278 17	3,748,881 18	00,396 99	» »	364,073 79

DÉPARTEMENTS.	Répartition proportionnelle.	Plus reçu.	Moins reçu.	Plus payé.	Moins payé.	Foncière.	Personn. et mobilier.	Portes et fenêtres.	Patentes.
Loir-et-Cher..	131,827 80	» »	44,285 35	110,815 56	» »	87	86 5/10	55 5/10	47 3/10
Loire........	175,655 78	» »	64,262 13	87,605 09	» »	80 8/10	76	45 3/10	35 3/10
Loire (Haute-)	100,948 58	30,740 27	» »	» »	55,458 37	73 5/10	70 7/10	39 8/10	29 8/10
Loire-Infér...	210,501 54	25,471 67	» »	» »	24,628 35	75 8/10	76 9/10	46 3/10	40
Loiret.......	201,460 94	» »	55,837 58	164,934 39	» »	82 5/10	81 5/10	49	41 7/10
Lot..........	120,710 61	133,405 50	» »	» »	58,876 31	84 7/10	83 5/10	54 4/10	45 6/10
Lot-et-Garon..	196,574 18	59,815 46	» »	21,136 44	» »	76 6/10	78 2/10	47 6/10	40 9/10
Lozère.......	55,544 44	40,044 91	» »	» »	59,819 86	73 3/10	72	41 7/10	55 1/10
Maine-et-Loire	255,762 89	» »	145,663 80	170,301 48	» »	80 9/10	79 3/10	48 5/10	40 6/10
Manche.......	323,773 00	» »	27,240 84	» »	8,711 13	71 2/10	71 5/10	42	32 3/10
Marne........	223,060 84	» »	91,637 08	222,493 96	» »	89 7/10	81	50 1/10	40 5/10
Marne (Haute-)	145,399 16	» »	87,711 68	» »	8,852 47	68 6/10	66 8/10	56 5/10	29
Mayenne......	152,528 08	» »	83,165 »	172,375 82	» »	91 4/10	91 1/10	60 3/10	31
Meurthe......	197,265 69	» »	58,845 03	» »	64,863 77	65 7/10	64 7/10	34 4/10	25 6/10
Meuse........	162,520 51	» »	90,932 34	33,344 47	» »	69 7/10	65 8/10	56 3/10	29 4/10
Morbihan.....	147,007 08	» »	69,086 18	4,327 09	» »	66 3/10	65 4/10	55	26 6/10
Moselle......	192,323 16	» »	71,918 75	» »	858 26	74 4/10	65 6/10	55 3/10	25 8/10
Nièvre.......	132,331 80	» »	48,897 68	108,616 24	» »	81 6/10	80	48 4/10	40
Nord.........	543,074 93	» »	200,364 »	172,066 40	» »	81 8/10	74 4/10	48 9/10	33 3/10
Oise.........	288,218 60	» »	67,592 16	380,817 44	» »	101 6/10	92 3/10	62 5/10	51 6/10
Orne.........	232,165 05	» »	113,454 36	100,979 12	» »	82 2/10	82 9/10	54	45 8/10
Pas-de-Calais.	342,885 59	» »	97,417 29	222,219 36	» »	91	84 2/10	53	40 2/10
Puy-de-Dôme.	253,884 43	58,806 23	5 »	» »	65,808 90	72 1/10	72 1/10	42 6/10	36 5/10
Pyrénées (B.-)	115,477 40	126,049 24	» »	» »	85,072 58	85 6/10	83 3/10	53 5/10	45 4/10
Pyrénées (H.-)	65,484 01	94,816 00	» »	» »	114,084 88	70 6/10	69 9/10	39 8/10	51 6/10
Pyrénées-Or..	70,924 20	5,248 80	» »	» »	3,744 26	74 7/10	72 8/10	41 9/10	35 7/10
Rhin (Bas-)...	245,046 47	25,220 67	» »	» »	183,659 07	67 5/10	66 6/10	36 3/10	27 8/10
Rhin (Haut-)..	198,172 55	64,501 18	» »	q »	212,847 36	65 1/10	64 8/10	33 9/1	29 8/10
Rhône........	352,085 08	218,418 98	» »	» »	451,330 85	72	71 1/10	38 9/10	28 7/10
Saône (Haute-)	150,463 92	» »	37,732 20	» »	72,589 47	61 7/10	62 9/10	33 2/10	26 8/10
Saône-et-Loire	280,583 55	» »	31,794 96	» »	90,614 08	66 3/10	67	36 6/10	29 4/10
Sarthe........	219,903 50	» »	89,517 01	90,956 57	» »	73 7/10	73 5/10	44 7/10	38 5/10
Seine........	1,577,508 26	1,578,066 97	» »	» »	3,701,108 20	58 5/10	57 9/10	20 2/10	21 4/10
Seine-Infér...	606,214 96	» »	140,905 70	» »	253,150 81	73 7/10	81 4/10	50 4/10	46 7/10
Seine-et-Marne	275,057 71	» »	147,593 51	493,700 03	» »	94 5/10	85 7/10	55 2/10	45 5/10
Seine-et-Oise.	570,123 85	» »	124,061 61	541,707 51	» »	95 9/10	85 6/10	55 2/10	46 1/10
Sèvres (Deux-)	140,451 07	» »	38,010 91	95,828 45	» »	79 6/10	76 4/10	46 3/10	37 8/10
Somme........	347,282 87	16,790 92	» »	43,006 07	» »	90 7/10	87 9/10	56 8/0	40 4/10

DÉPARTEMENTS.	PRINCIPAL en 1848 des 4 contributions directes réunies.	CONTRIBUTION EXTRAORDINAIRE DE 192,064,733 fr. 72 c.				DÉGRÈVEMENT DE 17,792,328 fr. 46 c.				TOUT COMPENSÉ.		CENTIMES ADDITIONNELS sur la contribution			
		Répartition aveugle.	Répartition intelligente.	Plus payé.	Moins payé.	Répartition arbitraire.	Répartition proportionnelle.	Plus reçu.	Moins reçu.	Plus payé.	Moins payé.	Foncière.	Portes et mobilier.	Personn. et fenêtres.	Patentes.
Tarn.........	2,276,176 »	1,824,323 10	1,752,727 60	91,505 50	»	196,582 7	160,513 66	36,069 08	»	55,526 45	»	81 5/10	89 6/10	52 3/10	45
Tarn-et-Garon.	2,123,512 »	1,671,556 33	1,616,512 89	55,043 44	»	260,451 7	149,747 04	110,703 84	»	»	55,660 40	78 2/10	76 8/10	45 4/10	36 9/10
Var.........	2,590,991 »	1,747,886 66	1,820,120 94	»	72,243 28	130,760 7	168,610 30	»	37,850 51	»	54,303 77	69 3/10	69 9/10	40 2/10	32 7/10
Vaucluse.....	1,627,591 »	1,258,043 79	1,258,995 50	»	951 71	114,185 3	114,776 09	»	590 79	»	360 92	76 7/10	77 1/10	40	30 2/10
Vendée......	2,141,298 »	1,738,441 06	1,630,052 40	100,388 66	»	130,777 9	151,002 19	»	11,224 23	119,612 89	»	85 6/10	84 6/10	54 7/10	48 4/10
Vienne......	1,802,860 »	1,444,893 97	1,372,418 16	72,475 81	»	117,367 5	127,155 89	»	9,768 32	82,244 13	»	83 3/10	83 1/10	52 3/10	45 2/10
Viennne (H.-).	1,458,674 »	1,124,814 78	1,110,408 29	14,406 49	»	160,964 3	102,864 23	64,100 12	»	»	49,693 03	77 7/10	77 2/10	40 2/10	57 4/10
Vosges......	1,942,005 »	1,406,499 67	1,478,796 82	»	72,297 15	158,140 8	136,900 42	1,150 44	»	»	73,447 59	66 5/10	67 5/10	37 5/10	30
Yonne.......	2,647,876 »	2,176,250 27	2,015,914 55	160,335 72	»	67,896 7	186,889 08	»	118,992 32	270,528 04	»	89 9/10	83	51 0/10	42 5/10
TOTAUX....	232,303,517 »	192,064,733 72	192,064,733 72	4,726,073 72	4,726,073 72	17,792,328 46	17,792,328 46	3,550,772 92	3,550,772 92	6,562,027 14	6,562,027 14				

CONCLUSION.

Le tableau qui précède ne laisse aucun fait dans l'ombre ; il porte la lumière sur l'ensemble et sur les détails. Serait-il encore possible de considérer l'impôt des 45 centimes autrement que comme un emprunt forcé, sujet à remboursement ?

A cet égard, il me semble que la démonstration est complète, que l'affaire est instruite et qu'il n'y a plus qu'à prononcer le jugement qui rétablira chacun dans son droit.

Ainsi que je l'ai dit en commençant, le remboursement produira un effet magique sur les populations rurales ; il les portera à réfléchir et à comparer.

Plus tard, si l'on procède à l'élection d'une Constituante, d'une Assemblée législative ou du premier magistrat de la République, au lieu de juges irrités et prévenus, on trouvera des juges calmes, animés d'un esprit de modération et de sagesse.

Ces considérations ne sont pas sans valeur. Cependant il y a encore bien au-dessus le droit préexistant et la justice absolue.

Si l'honneur, la religion du devoir et la volonté nationale commandent à Louis-Napoléon de conserver en ses mains les rênes de l'État, la mesure réparatrice qu'il aura accomplie rendra sa tâche moins difficile : il aura le droit et la force qui viennent de Dieu et du peuple.

Si, au contraire, par surprise, machinations ténébreuses ou coalitions impies, nous étions encore une fois emportés vers des régions inconnues, les bienfaits de son gouvernement, unis à de grands actes de courage et de patriotisme, resteraient gravés dans la mémoire du peuple, avec cette épigraphe biblique : *Ego sum resurrectio et vita.*

POST-SCRIPTUM.

Un feu épurateur, rapide comme l'éclair, décisif comme la foudre, nous a préservés de l'invasion des barbares.

La grandeur du péril a exigé la concentration momentanée de tous les pouvoirs en une seule main.

Louis-Napoléon, ne prenant conseil que de son noble cœur et de son patriotisme, peut, dès demain, en quelques lignes, décréter le remboursement des quarante-cinq centimes, en cinq termes égaux, d'année en année, à partir du 1er juillet 1852, première échéance, et déclarer qu'il y sera pourvu :

Ou par une réduction des dépenses, jusqu'à concurrence de 35 millions ;

Ou par un prélèvement sur le fonds de l'amortissement ;

Ou par les ressources de la dette flottante ;

Ou par l'accroissement probable des revenus publics.

En effet, le remboursement fertilisera les divers impôts, surtout ceux de consommation. L'excédant des recettes, qui n'est évalué au budget de 1852 qu'à 9,684,588 fr., peut atteindre le chiffre de 25 millions et même le dépasser. Somme presque suffisante pour couvrir la dépense. De telle sorte, que le remboursement s'accompli-rait par les ressources mêmes qu'il aurait engendrées.

Ajouterons-nous que les grandes résolutions du 2 décembre ont relevé tous les courages, que déjà une vie nouvelle circule et anime le corps social : autre puissante cause d'accroissement des revenus de l'Etat !

La hausse extraordinaire des fonds publics et de toutes les valeurs industrielles ne permet pas à cet égard le plus léger doute.

Donc le remboursement peut être immédiatement décrété.

A Louis-Napoléon toute la responsabilité, — mais aussi à Louis-Napoléon toute la gloire, — à Louis-Napoléon toute la reconnais-sance nationale !

Paris, imprimerie de Paul Dupont,
rue de Grenelle-St-Honoré, 45.